ΠΕΡΙΗΓΗΤΕΣ
ΑΠΑΡΑΙΤΗΤΟΙ ΤΑΞΙΔΙΩΤΙΚΟΙ ΟΔΗΓΟΙ ΣΤΟ ΠΑΡΕΛΘΟΝ

ΑΡΧΑΙΑ ΑΙΓΥΠΤΟΣ

ΤΑΞΙΔΙΩΤΙΚΟΣ ΟΔΗΓΟΣ ΤΗΣ ΑΙΓΥΠΤΟΥ
ΤΗΝ ΕΠΟΧΗ ΤΩΝ ΦΑΡΑΩ

SALLY TAGHOLM

Ελληνικά γράμματα

Επιμέλεια κειμένων	Julie Ferris
Σχεδιασμός	Mike Buckley, Jane Tassie
Συμπληρωματικός σχεδιασμός	Jill Plank
Ζωγραφιές	Inklink Firenze
	Kevin Maddison
Συμπληρωματική επιμέλεια	Christian Lewis, Katie Puckett
Συντονισμός DTP	Nicky Studdart
Έλεγχος παραγωγής	Caroline Jackson, Kelly Johnson
Έλεγχος εικόνων	Jane Lambert
Έλεγχος αρνητικών	Sheila Clewley
Συντάκτης ευρετηρίου	Sylvia Potter
Μετάφραση	Βασιλική Κοκκίνου
Διόρθωση	Βασιλική Τζόκα
Εκτύπωση	Hong Kong/China

Τίτλος Πρωτοτύπου: *Ancient Egypt*

Εκδόσεις «ΕΛΛΗΝΙΚΑ ΓΡΑΜΜΑΤΑ»
Εμμ. Μπενάκη 59, 106 81 Αθήνα. Τηλ.: 3891800 - fax: 3836658

Βιβλιοπωλεία

- Γ. Γενναδίου 6, 106 78 Αθήνα. Τηλ.-fax: 3817826
- Στοά Ορφέως, Στοά Βιβλίου, Πεσμαζόγλου 5, 105 59 Αθήνα. Τηλ.: 3211246
- Κ. Μελενίκου 27, 546 35 Θεσσαλονίκη. Τηλ.-fax: (031) 245950
- Μαιζώνος 1 & Καρόλου 32, 262 23 Πάτρα. Τηλ.: (061) 620384 - fax: (061) 272072

Κεντρική διάθεση

- Ζωοδ. Πηγής 21 & Τζαβέλλα 1, 106 81 Αθήνα. Τηλ.: 3302033 - fax: 3817001
- Μοναστηρίου 183, 54 627 Θεσσαλονίκη. Τηλ.: (031) 500035-9 - fax: 500034

ISBN 960-393-578-6

Περιεχόμενα

Λίγα λόγια για την Αίγυπτο

Οι επισκέπτες της αρχαίας Άιγύπτου θα ανακαλύψουν μια χώρα με εκπληκτικό πολιτισμό, που χρονολογείται εδώ και χιλιάδες χρόνια. Η ιστορία της χωρίζεται σε τρεις περιόδους –Αρχαίο Βασίλειο, Μέσο Βασίλειο και Νέο Βασίλειο. Κατά τη διάρκεια του Νέου Βασιλείου και κάτω από τη διακυβέρνηση του Ραμσή Β′, η Αίγυπτος έγινε η μεγαλύτερη δύναμη στη Μέση Ανατολή.

Ταξιδιωτική οδηγία

Κατά τη Βασιλεία του Ραμσή Β′ έγιναν αρκετά και κολοσσιαία αρχιτεκτονικά έργα, εφάμιλλα της χρυσής εποχής των πυραμίδων. Μην παραλείψεις λοιπόν να επισκεφτείς τους υπέροχους ναούς στο Καρνάκ και στο Αμπού Σιμπέλ.

Ο Ραμσής Β′ (Σέσωστρις) παρέμεινε στο θρόνο 66 χρόνια. Ξακουστός βασιλιάς-πολεμιστής, είναι γνωστός όχι μόνο για τις πολλές στρατιωτικές εκστρατείες του, αλλά και γιατί ήταν πατέρας 170 παιδιών!

Η ιερογλυφική είναι ένα σύστημα γραφής που βασίζεται σε χαρακτήρες με μορφή εικόνων. (Τα ιερογλυφικά μπορούν να διαβαστούν είτε ως εικόνες, είτε ως σύμβολα εικόνων είτε ως σύμβολα φθόγγων.)

Οι φυλές της Άνω Αιγύπτου και της Κάτω Αιγύπτου ενώθηκαν από τον πρώτο φαραώ, Μήνη (3000 π.Χ.). Η πρωτεύουσα του Αρχαίου Βασιλείου ήταν στη Μέμφιδα.

Η πρώτη πυραμίδα, η περίφημη «κλιμακωτή» της Σακάρα, κατασκευάστηκε από τον αρχιτέκτονα Ιμχοτέπ, με σκοπό να γίνει ο τάφος του φαραώ Ζοζέρ.

Η μεγάλη περίοδος κατασκευής των πυραμίδων διήρκεσε 400 περίπου χρόνια. Η μεγαλύτερη πυραμίδα χτίστηκε για το φαραώ Χέοπα στη νεκρόπολη της Γκίζας.

Ο πιο σημαντικός αξιωματούχος είναι ο «τσάτι», που ενεργεί για το φαραώ.

Στην Αίγυπτο πιστεύουν ότι ο φαραώ είναι η ενσάρκωση του θεού Ώρου.

Οι τοίχοι πολλών μνημείων και ναών είναι καλυμμένοι με ιερογλυφικά.

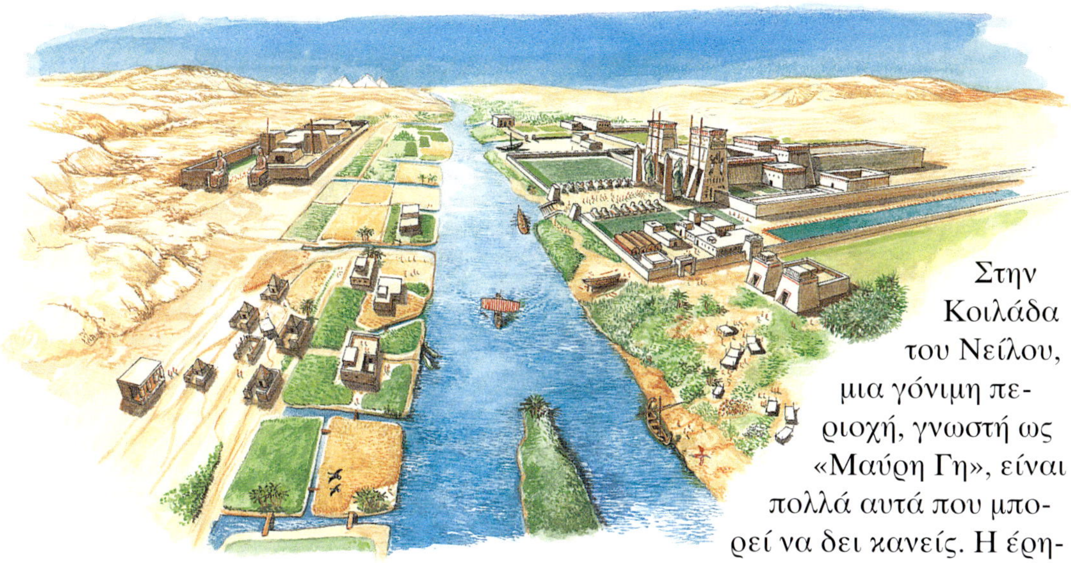

Στην Κοιλάδα του Νείλου, μια γόνιμη περιοχή, γνωστή ως «Μαύρη Γη», είναι πολλά αυτά που μπορεί να δει κανείς. Η έρημος που απλώνεται στα ανατολικά και στα δυτικά λέγεται «Κόκκινη Γη» και στο μεγαλύτερο μέρος της δεν κατοικείται.

Η πανέμορφη πόλη των Θηβών, η πρωτεύουσα της Αιγύπτου από τη βασιλεία του Αμενχοτέπ Β΄, προσελκύει πολλούς επισκέπτες. Εξάλλου είναι πολύ εύκολο να πάει κανείς εκεί. Είναι μια πολύβουη πόλη, όπου ο επισκέπτης μπορεί να θαυμάσει αρκετά αξιοθέατα, όπως υπέροχους ναούς, ανάκτορα και οβελίσκους.

Οι φαραώ της ΙΒ΄ Δυναστείας κατάφεραν να κατακτήσουν τη Νουβία, που επί αιώνες αποτελούσε μέρος της αιγυπτιακής αυτοκρατορίας. Επιβλήθηκε η αιγυπτιακή διοίκηση, χτίστηκαν οχυρά, ναοί και πόλεις, ενώ από τα ορυχεία της εξόρυσσαν χρυσό.

Ο Τουταγχαμών ανέβηκε στο θρόνο σε ηλικία μόλις 11 ετών. Πέθανε ύστερα από 8 χρόνια και ο τάφος του βρίσκεται στην Κοιλάδα των Βασιλέων, γεμάτος εντυπωσιακούς θησαυρούς.

Η αιγυπτιακή αυτοκρατορία βρισκόταν στην ακμή της κατά τη διάρκεια της βασιλείας του Ραμσή Β΄, ο οποίος είχε δώσει αρκετές γενναίες μάχες και είχε προχωρήσει στην ανοικοδόμηση πολλών μνημείων σε όλη την Αίγυπτο.

Ταξιδεύοντας στην Αίγυπ

Τα ταξίδια με πλοίο στην κυριότερη αρτηρία, τον ποταμό Νείλο, είναι ο ιδανικός τρόπος να δει κανείς τα σημαντικότερα μνημεία, όπως και την ομορφιά της ζωής στην ύπαιθρο. Παρατήρησε τις μικρές φορτηγίδες, γεμάτες στάρι, τα φαρδιά πλοιάρια για τη μεταφορά των ζώων και τα μεγάλα πλοία που μεταφέρουν τεράστιες κολόνες από γρανίτη και οβελίσκους. Ίσως μάλιστα δεις κάποια από τις περίφημες νεκρικές βάρκες που μεταφέρουν τις μούμιες των πλούσιων πολιτών στους ιερούς τόπους ταφής.

Οι περισσότεροι μετακινούνται στην πόλη με τα πόδια, αλλά, αν δε θέλεις να κουραστείς, μπορείς να κάνεις μια βόλτα με φορείο ή σε μια μεταφερόμενη καρέκλα, όπως ακριβώς ο φαραώ.

Ετοιμάσου να κάνεις παζάρια για το ταξίδι σου με ένα πλοιάριο –οι τιμές ποικίλλουν ανάλογα με την εποχή.

Ο Νείλος είναι γεμάτος κροκόδειλους, γι' αυτό έλεγξε αν το πλοιάριό σου είναι στεγανό.

Επειδή κάνει πολλή ζέστη, να έχεις πάντα μαζί σου άφθονο νερό όταν ταξιδεύεις.

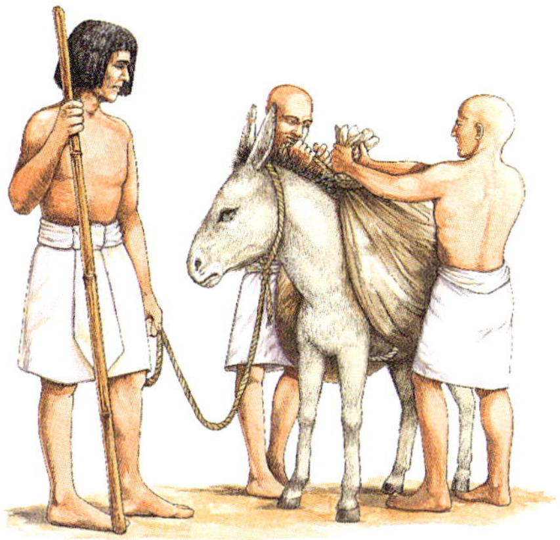

Ταξιδιωτική οδηγία

Αν σχεδιάζεις ένα μεγάλο ταξίδι στην έρημο, είναι προτιμότερο να νοικιάσεις ένα γαϊδούρι. Τα ζώα αυτά τα βρίσκεις εύκολα σε αρκετές πόλεις, είναι φτηνά και σίγουρα.

Οι ατρόμητοι ταξιδιώτες θα απολαύσουν ένα ημερήσιο ταξίδι στην έρημο που εκτείνεται στα ανατολικά και στα δυτικά της κοιλάδας του Νείλου. Η «Κόκκινη Γη» διαθέτει ένα τραχύ και μυστηριώδες τοπίο που καλύπτει περισσότερο από το 90 τοις 100 ολόκληρης της χώρας. Πάρε μαζί σου έναν έμπειρο οδηγό ή ακολούθησε ένα καραβάνι εμπόρων που ταξιδεύουν στους εμπορικούς δρόμους μέχρι την όχθη.

Στην Αίγυπτο κάνει πολλή ζέστη. Σιγουρέψου ότι το πλοίο που θα ταξιδέψεις διαθέτει ένα υπόστεγο ή μια τέντα για να προφυλαχτείς από τον καυτό ήλιο.

Τα πλοία είναι ο κυριότερος τρόπος μεταφοράς στην Αίγυπτο και οι περισσότεροι άνθρωποι ζουν κοντά στον ποταμό (πολλά είναι κατασκευασμένα από πάπυρο κι έχουν ένα κεντρικό ιστίο).

Τι θα φορέσεις

Πάρε μαζί σου όσο γίνεται λιγότερα – με θερμοκρασία πάνω από 30 βαθμούς Κελσίου την ημέρα, δε χρειάζεσαι πολλά ρούχα. Αυτά που θα πάρεις να είναι ελαφρά και άνετα. Ένα απλό λινό λευκό πουκάμισο είναι ιδανικό για την πόλη. Στην ύπαιθρο οι άνθρωποι φορούν συνήθως μια μπροστέλα.

Θα βρεις θαυμάσια χρυσά κοσμήματα φτιαγμένα από επιδέξιους τεχνίτες. Κοσμούνται συνήθως με ημιπολύτιμους λίθους από την έρημο ή με εισαγόμενες πέτρες, όπως το τιρκουάζ.

Οι περισσότεροι άνθρωποι περπατούν ξυπόλητοι, αλλά καλό θα ήταν να αγοράσεις ένα ζευγάρι σανδάλια από πλεχτό πάπυρο για να προστατέψεις τα πόδια σου από τους σκορπιούς και τα φίδια.

Ταξιδιωτική οδηγία

Τόσο οι άντρες όσο και οι γυναίκες βάφουν τα μάτια τους με μια πηχτή μαύρη μπογιά, γνωστή ως «κολ». Φτιάχνεται από ορυκτά της γης και φυλάσσεται σε περίτεχνα πιθάρια για καλλυντικά.

Οι πτυχές και τα κρόσσια είναι η τελευταία λέξη της μόδας στο Νέο Βασίλειο. Οι άντρες φορούν μακριές φούστες με πτυχές πάνω από μια κοντή πλισέ φούστα και οι γυναίκες πτυχωτά φορέματα από τις πιο φίνες λευκές λινές γάζες.

Θα χρειαστείς πολύτιμα αντικείμενα αν θέλεις να τα ανταλλάξεις με αιγυπτιακά κοσμήματα.

Οι Αιγύπτιοι τρίβουν το δέρμα τους με λίπος γάτας, κροκοδείλου και ιπποπόταμου.

Τα μαγικά φυλαχτά φοριούνται πάνω στα περιδέραια και προστατεύουν από τις αρρώστιες.

Τα βραδινά ρούχα πρέπει να είναι ιδιαίτερα προσεγμένα, κυρίως αν είσαι καλεσμένος σε συμπόσιο ή γιορτή. Στις επίσημες εκδηλώσεις οι άντρες και οι γυναίκες φορούν εντυπωσιακά κοσμήματα και πλεχτή μαύρη περούκα από φυσικά μαλλιά, που τη συγκρατούν στη θέση της με κερί μέλισσας. Δοκίμασε τα εξαίσια αρώματα με έλαια από μύρα και κανέλα.

Το λινάρι προμηθεύει το λινό για όλα τα αιγυπτιακά ρούχα – από το ακατέργαστο υλικό μέχρι την πιο λεπτή γάζα.

Φαγητά και ποτά

Στις περισσότερες πόλεις θα βρεις πολλούς πάγκους με τρόφιμα: ψωμί, φρούτα, λαχανικά και φασόλια για τους επισκέπτες με μέτριο προϋπολογισμό, νοστιμότατα αποξηραμένα ψάρια και κυνήγι για τους πιο ριψοκίνδυνους. Το κρέας είναι πολύ ακριβό και τρώγεται μόνο σε εξαιρετικές περιπτώσεις.

Η πυκνή σβολιασμένη μπίρα φτιάχνεται από πολτοποιημένο κριθαρένιο ψωμί, γι' αυτό χρησιμοποίησε ένα σιφόνι!

Το ψωμί φτιάχνεται σε διάφορα σχήματα και μεγέθη. Αλέθοντας το σιτάρι ανάμεσα σε δύο πέτρες φτιάχνουν το αλεύρι.

Αν είσαι τυχερός και σε καλέσουν σε ένα συμπόσιο, θα δεις ότι οι ευκατάστατοι Αιγύπτιοι ζουν πλουσιοπάροχα. Το μενού περιλαμβάνει αρκετά φαγητά, όπως πάπια, χήνα και βοδινό, αλλά και λιχουδιές, όπως γαζέλα, αντιλόπη και στρουθοκάμηλο.

Ο οικοδεσπότης και οι σημαντικοί καλεσμένοι κάθονται συνήθως σε χαμηλές καρέκλες ή σκαμνιά. Οι υπόλοιποι χρησιμοποιούν ψάθες ή μαξιλάρια πάνω στο πάτωμα.

Μπαχαρικά και αρωματικά χόρτα –κύμινο, μουστάρδα, θυμάρι– χρησιμοποιούνται για να νοστιμεύουν τα φαγητά.

Πρόσεξε τα δόντια σου! Θα βρεις άμμο στο αλεύρι που φτιάχνουν το ψωμί!

Πάντα να ελέγχεις πριν φας ψάρι – είναι ιερό σε μερικές περιοχές!

Μην ανησυχείς για μαχαίρια και πιρούνια. Όλοι στην Αίγυπτο τρώνε με τα δάχτυλα και ξεπλένουν τα χέρια τους από πιάτο σε πιάτο. Συχνά οι συνδαιτυμόνες φορούν κώνους από αρωματισμένο λίπος στο κεφάλι τους, που λιώνουν κατά τη διάρκεια της βραδιάς και τους δροσίζουν.

Ταξιδιωτική οδηγία

Η μπίρα είναι το εθνικό ποτό, ωστόσο μπορείς να δοκιμάσεις κάποιο από τα ωραία αιγυπτιακά κρασιά. Τα τοπικά παλιά κρασιά ή αυτά από χουρμάδες είναι εξαιρετικά.

Πού θα μείνεις

Στις μεγάλες πόλεις θα βρεις πολλά και ποικίλα καταλύματα. Μπορείς να επιλέξεις μεταξύ ενός πολυτελούς διαμερίσματος στο σπίτι ενός ευγενή, ενός δωματίου σε ένα όμορφο σπίτι της πόλης ή ενός φτηνού και ευχάριστου καταλύματος σε μια φτωχότερη συνοικία.

Ταξιδιωτική οδηγία

Τα σπίτια έχουν μικρά και ψηλά παράθυρα για να προστατεύονται από τη ζέστη και τη σκόνη. Χτίζονται συχνά στα υψίπεδα γιατί πολλές περιοχές πλήττονται από τις πλημμύρες του Νείλο

Το φτηνό κατάλυμα δεν είναι ευρύχωρο γιατί πολλές οικογένειες μένουν μαζί. Ετοιμάσου να μοιραστείς το δωμάτιο και να κοιμηθείς στο πάτωμα ή στη στέγη.

Κρεβάτια, καρέκλες, τραπέζια, μπαούλα κατασκευάζονται συνήθως από ξύλο δέντρων που ευδοκιμούν στην περιοχή – συκομουριά. Το φτηνό σπίτι έχει λίγα έπιπλα.

Μπορείς να μειώσεις αρκετά τα έξοδά σου μένοντας έξω από την πόλη. Τα σπίτια των ανθρώπων που εργάζονται στις πυραμίδες είναι λιτά αλλά πολύ όμορφα. Στο μπροστινό δωμάτιο συχνά σταβλίζουν τα ζώα, ωστόσο μπορείς να κοιμηθείς στη στέγη.

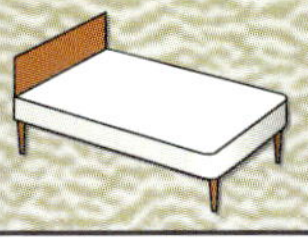

Μην ελπίζεις σε άνετο ύπνο. Οι Αιγύπτιοι χρησιμοποιούν ξύλινα στηρίγματα αντί για μαξιλάρια.

Τα μεγάλα σπίτια έχουν πλακάκια στα δάπεδα και βαμμένες τις οροφές και τους τοίχους.

Στα φτηνά καταλύματα το μαγείρεμα γίνεται έξω για να μειωθεί ο κίνδυνος πυρκαγιάς.

Τα καλύτερα δωμάτια διατίθενται όλο το χρόνο σε εξοχικές επαύλεις που ανήκουν σε οικογένειες ευγενών. Δροσερά και ευρύχωρα, προσφέρουν μεγάλες ανέσεις, μέχρι και λουτρό! Θα απολαύσεις την αιγυπτιακή φιλοξενία, όπως και πλούσια σπιτικά φαγητά. Μπορείς ακόμη να χαλαρώσεις σε ήρεμους κήπους με λιμνούλες γεμάτες ψάρια και λωτολούλουδα.

Όλα τα αιγυπτιακά σπίτια, από το παλάτι του φαραώ μέχρι το χαμόσπιτο, είναι χτισμένα με πλίνθους. Η λάσπη αναμειγνύεται με ψιλοκομμένο άχυρο, χύνεται σε καλούπια και ψήνεται στον ήλιο.

Ψώνια

Μια επίσκεψη στις πολύβουες αιγυπτιακές αγορές μπορεί να είναι ένα ευχάριστο διάλειμμα από την περιήγηση στα αξιοθέατα. Αξίζει να διαθέσεις μία ημέρα γι' αυτό, αν διαλέξεις κάποιο από τα μεγάλα κέντρα όπως η Μέμφιδα ή οι Θήβες. Σίγουρα θα βρεις μια εκπληκτική ποικιλία από προϊόντα και αγαθά. Ρόδια, πεπόνια και σύκα, νόστιμα φαγητά, ελιές, χουρμάδες και πάνω από 30 είδη ψωμιού είναι στη διάθεσή σου.

Οι μεγάλες αγορές των πόλεων πιθανόν να είναι πολύ ζεστές και θορυβώδεις. Οι έμποροι φέρνουν τα εμπορεύματά τους από μακριά. Τα ψώνια μπορεί να κρατήσουν πολλή ώρα γιατί οι μαγαζάτορες είναι καλά εκπαιδευμένοι στην τέχνη του παζαρέματος.

Οι Αιγύπτιοι τεχνίτες φτιάχνουν πανέμορφα βάζα, αγάλματα και γλυπτά σε πέτρα, ξύλο, μέταλλο και φίλντισι.

Αν διψάσεις, υπάρχουν πολλοί πάγκοι όπου πουλάνε μπίρα για να διαλέξεις.

Στα εργαστήρια του παλατιού και των ναών θα βρεις ωραία χειροτεχνήματα.

Άφησε τα χρήματά σου στο σπίτι. Οι αγοραπωλησίες γίνονται με το σύστημα της ανταλλαγής.

Ταξιδιωτική οδηγία

Οι κυνοπίθηκοι με τη δυνατή όσφρηση είναι συνηθισμένο θέαμα στις αγορές. Ο ρόλος τους είναι σημαντικός καθώς βοηθούν τους δημόσιους λειτουργούς να εντοπίζουν τους κλέφτες.

Οι αγορές είναι το πλέον κατάλληλο μέρος για να ψωνίσεις χειροτεχνήματα και ρούχα. Το βασίλειο φημίζεται ότι παράγει το πιο φίνο λινό του κόσμου! Λόγω της μακράς ιστορίας του εμπορίου της με άλλους λαούς, η Αίγυπτος αγοράζει από γειτονικές χώρες πάρα πολλά εξωτικά αγαθά, όπως πολύτιμες πέτρες και ελαιόλαδο.
Αν επισκεφτείς κάποια μικρή αγορά της υπαίθρου, θα βρεις μόνο προϊόντα της περιοχής και χειροποίητα αντικείμενα.

Γρήγορα θα συνηθίσεις το σύστημα της ανταλλαγής και θα είσαι σε θέση να ξέρεις πόσα ακριβώς κέικ σύκων ισοδυναμούν με ένα χρυσό περιδέραιο. Οι υπεύθυνοι της αγοράς είναι πάντα έτοιμοι να λύσουν οποιοδήποτε πρόβλημα δημιουργηθεί μεταξύ των πωλητών και των αγοραστών.

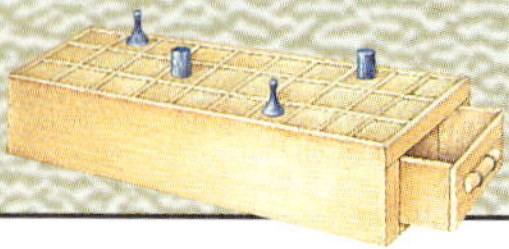

Ελεύθερος χρόνος

Είτε είσαι νέος είτε ηλικιωμένος, υπάρχουν πολλές δραστηριότητες για να περάσεις τον ελεύθερο χρόνο σου. Αν μάλιστα η επίσκεψή σου συμπέσει με κάποια μεγάλη θρησκευτική γιορτή, που συχνά διαρκεί αρκετές μέρες, θα απολαύσεις ένα εντυπωσιακό θέαμα με ακροβάτες, ταχυδακτυλουργούς, χορευτές και ζωντανή μουσική.

Τα παιδιά στην Αίγυπτο παίζουν με πολλά και διάφορα παιχνίδια, όπως κούκλες, ψεύτικα ζωάκια και σβούρες. Τους αρέσει επίσης να παίζουν με μπάλες από πηλό.

Οι Αιγύπτιοι αγαπούν τα παιδιά – θα τα δεις να παίζουν παντού. Μην ξαφνιαστείς με το χτένισμά τους. Όλα τα αγόρια μέχρι 12 ετών έχουν μια τούφα στο πλάι.

Η πλούσια πολιτιστική κληρονομιά της Αιγύπτου αποτυπώνεται στην αρχαία τέχνη της αφήγησης που παραδίδεται από γενιά σε γενιά. Κάθισε στη σκιά και άκουσε με προσοχή μια ιστορία για τα κατορθώματα των θεών ή τις περιπέτειες ενός κροκοδείλου στο Νείλο!

Λέγεται ότι στον τάφο του φαραώ Τουταγχαμών υπάρχουν τέσσερα σένετ.

Η Αθώρ είναι η θεά της ευτυχίας, του χορού, της μουσικής και της αγάπης.

Μερικές ιστορίες θα σου φανούν γνωστές –η Σταχτοπούτα είναι αιγυπτιακό παραμύθι!

Ταξιδιωτική οδηγία

Η μεγαλύτερη γιορτή γίνεται το Νέο Έτος (συνήθως γύρω στις 19 Ιουλίου). Σηματοδοτεί την πρώτη εμφάνιση του Σείριου, που λέγεται και «Μέγας Κύων», και είναι πενθήμερη εθνική γιορτή.

Μπορείς να παίξεις αν θες κάποιο από τα πολλά αιγυπτιακά επιτραπέζια παιχνίδια όπως το φιδάκι, που παίζεται πάνω σε μια στρογγυλή πέτρα, ή το σένετ. Οι καβάλες και η διελκυστίνδα είναι επίσης δημοφιλή παιχνίδια.

Παντού ακούς μουσική! Οι μουσικοί παίζουν με έγχορδα, πνευστά και κρουστά όργανα στις γιορτές και στα συμπόσια. Ακόμη και οι αγρότες τραγουδούν στα βόδια τους καθώς αλωνίζουν το καλαμπόκι!

Το σένετ, ένα από τα πιο δημοφιλή επιτραπέζια παιχνίδια, παίζεται με πούλια και πιόνια. Υπάρχουν 30 τετράγωνα που πρέπει να διασχίσεις, αποφεύγοντας κακά πνεύματα και εμπόδια, για να φτάσεις στο βασίλειο του Οσίριδος.

Κυνήγι

Το παραδοσιακό κυνήγι του ιπποπόταμου στον ποταμό Νείλο, που δεν έχει αλλάξει από τις αρχές του αιγυπτιακού πολιτισμού, είναι μια συναρπαστική εμπειρία. Από την άλλη, οι κυνηγετικές εξορμήσεις στην έρημο, που κάποτε ήταν προνόμιο μόνο των βασιλέων και των αυλικών, τώρα είναι προσιτές και στους ταξιδιώτες.

Ομάδες κυνηγών με πλοιάρια από πάπυρο κυνηγούν πελώριους ιπποπόταμους στον ποταμό. Χρησιμοποιούν λάσο για να τους πιάνουν και καμάκια για να τους χτυπούν.

Οι Αιγύπτιοι ευγενείς παίρνουν συχνά μαζί τους τις γυναίκες και τα παιδιά τους στο κυνήγι.

Το κυνήγι του λιονταριού απαγορεύεται κατά τη διάρκεια της γιορτής της γάτας, όταν τιμούν τη θεά Βαστίτ.

Σιγουρέψου ότι τα βέλη σου είναι κοφτερά. Η μύτη τους μπορεί να είναι από φίλντισι, κόκαλο, πυρίτη ή μέταλλο.

Ταξιδιωτική οδηγία

Το κυνήγι των πουλιών στις λόχμες των καλαμιών του ποταμού Νείλου είναι μια συνηθισμένη δραστηριότητα. Δεν είναι απαραίτητο να νοικιάσεις πλοιάριο, το βασικό είναι να έχεις μαζί σου ένα ξύλινο κοντάρι.

Οι γάτες θεωρούνται ιερά ζώα και συχνά φορούν ένα χρυσό δαχτυλίδι. Εξημερώθηκαν κατά το Μέσο Βασίλειο και τώρα χρησιμοποιούνται από τους κυνηγούς για να πιάνουν πουλιά και άλλα άγρια ζώα. Η αιγυπτιακή λέξη για τη γάτα είναι «Μίου».

Αν πας να κυνηγήσεις λαγούς, άγριους ταύρους, γαζέλες, μεγάλες και μικρές αντιλόπες ή λιοντάρια στην έρημο, πρέπει να είσαι κατάλληλα εξοπλισμένος. Πάρε μαζί σου πολλά κοντάρια και καμάκια –τοποθέτησέ τα στο κάρο σου που θα το σέρνει ένα άλογο– αλλά κι έναν έμπειρο βοηθό ή ένα τουλάχιστον κυνηγετικό σκυλί.

Μομιοποίηση

Οι Αιγύπτιοι πιστεύουν στη ζωή μετά το θάνατο και διατηρούν το πτώμα με τη μομιοποίηση. Αν ακολουθήσεις τη δυτική όχθη του Νείλου, μπορείς να επισκεφτείς ένα από τα εργαστήρια ταρίχευσης όπου τα πτώματα ετοιμάζονται για τους τάφους τους και το ταξίδι στον άλλο κόσμο.

Καθώς τυλίγουν τις λινές ταινίες γύρω από τη μούμια, τοποθετούν ανάμεσά τους φυλαχτά για να είναι όσο το δυνατόν πιο ανώδυνο το ταξίδι στον άλλο κόσμο.

Το πτώμα καλύπτεται με νάτρο –ένα διάλυμα ανθρακικής σόδας– και το αφήνουν να αφυδατωθεί για 40 τουλάχιστον ημέρες πριν το τυλίξουν με ταινίες από το πιο λεπτό λινό.

Ο εγκέφαλος, το συκώτι και τα σπλάχνα αφαιρούνται από το πτώμα, αποξηραίνονται και τυλίγονται με λινό. Σφραγίζονται σε ειδικά αγγεία, τα οποία ύστερα τοποθετούνται στον τάφο.

Τα φέρετρα είναι πλούσια διακοσμημένα με θεούς του κάτω κόσμου και ξόρκια γραμμένα με ιερογλυφικά.

Η καρδιά παραμένει στο σώμα για να κριθεί στην άλλη ζωή.

Οι Αιγύπτιοι παίρνουν μαζί τους στον τάφο ό,τι θα χρειαστούν στην άλλη ζωή.

Ταξιδιωτική οδηγία

Μην ξεχνάς ότι οι Αιγύπτιοι πιστεύουν πολύ στη μαγεία. Οποιοδήποτε μέρος του σώματός σου μπορεί να χρησιμοποιηθεί σε ένα ξόρκι εναντίον σου!

Η μομιοποίηση έχει αναπτύξει μια τεράστια βιομηχανία που περιλαμβάνει τα διάφορα στάδια της τεχνικής αυτής. Οι φροντίδες ξεκινούν από τη βάση (βάζοντας μέσα στο πτώμα κεδρέλαιο για να το αφυδατώσουν) μέχρι να φτάσουν στο τελευταίο στάδιο, όπου χρησιμοποιούνται οι πιο λεπτές λινές ταινίες, δέματα με εξωτικά μυρωδικά και ημιπολύτιμες πέτρες, που τοποθετούνται ανάμεσά τους.

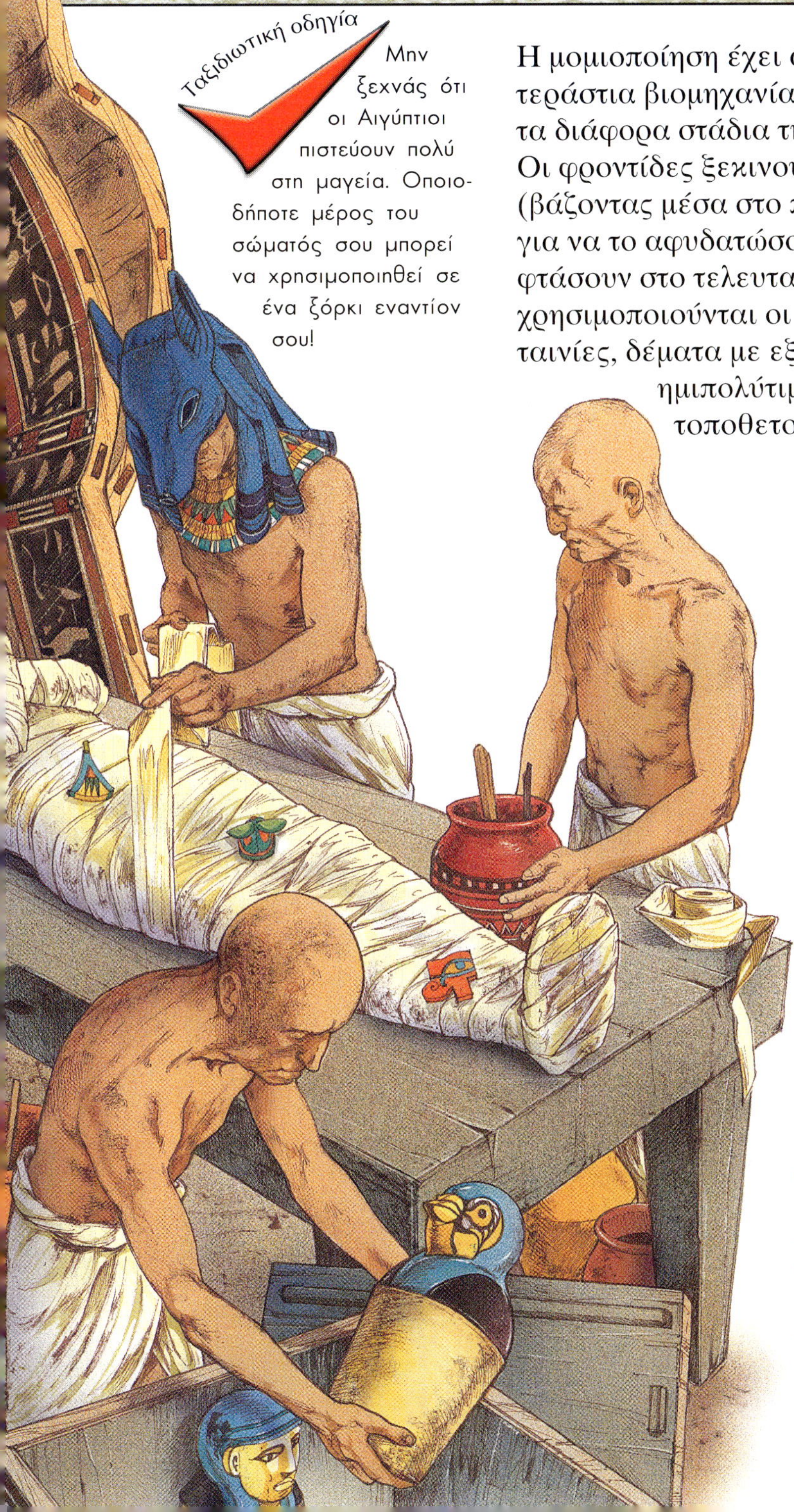

Εκτός από τους ανθρώπους ταριχεύονται γάτες, σκύλοι ακόμη και κροκόδειλοι. Το φέρετρο έχει το σχήμα του ζώου, όπου είναι ζωγραφισμένο το πρόσωπό του.

Οι πυραμίδες

Οι τρεις μεγάλες πυραμίδες στην Γκίζα δεν είναι μόνο τα πιο αξιόλογα μνημεία της Αιγύπτου. Θεωρούνται επίσης από τα μεγαλύτερα επιτεύγματα αρχιτεκτονικής στον κόσμο. Χτίστηκαν 1.200 χρόνια περίπου πριν από τη βασιλεία του Ραμσή Β΄. Ήταν οι τάφοι των φαραώ Χέοπος, Χεφρήνος και Μυκερίνου.

Ταξιδιωτική οδηγία

Μόνο με πονηριά θα μπορέσεις να δεις το εσωτερικό των πυραμίδων. Θα περάσεις πελώριες θύρες από γρανίτη και θα διασχίσεις ένα δίκτυο από μυστικούς διαδρόμους και ψεύτικα περάσματα.

Μην παραλείψεις να επισκεφτείς την «κλιμακωτή» πυραμίδα στη Σακάρα – την πρώτη πυραμίδα που χτίστηκε στην Αίγυπτο. Είναι ο τάφος του φαραώ Ζοζέρ, που σχεδιάστηκε από το μεγάλο αρχιτέκτονα Ιμχοτέπ.

Οι γωνίες των τοίχων της «επικλινούς» πυραμίδας του φαραώ Σνεφρού στη Νταχσούρ μεταβάλλονται προς την κορυφή, δίνοντας έτσι στην πυραμίδα το γνωστό σχήμα της.

Ο γρανίτης μεταφερόταν μέσω του ποταμού από το Ασουάν, ενώ ο λευκός ασβεστόλιθος με πορθμεία διέσχιζε το Νείλο.

Πολλές πυραμίδες έχουν επιγραφές με ξόρκια για να διευκολύνουν το ταξίδι στην άλλη ζωή.

Η μεγάλη πυραμίδα του φαραώ Χέοπος χρειάστηκε πάνω από 20 χρόνια για να χτιστεί.

Με ύψος 138 μέτρα, η πυραμίδα του Χέοπος είναι το ογκωδέστερο πέτρινο οικοδόμημα στη γη κι ένα από τα Επτά Θαύματα του Κόσμου. Είναι φτιαγμένο με πάνω από 2,3 εκατομμύρια ογκόλιθους από ασβεστόλιθο, που ο καθένας ζυγίζει τουλάχιστον 2,5 τόνους!

Η επικάλυψη με τριμμένο ασβεστόλιθο, που έγινε για να είναι λείες οι πλευρές των πυραμίδων, έχει αρχίσει να διαβρώνεται.

Χωρικοί βοήθησαν να χτιστούν οι πυραμίδες την εποχή της πλημμύρας. Χρησιμοποίησαν απλά χάλκινα και πέτρινα εργαλεία για να λαξεύσουν τους ογκόλιθους. Τους έσερναν σε ράμπες από λάσπη και τούβλα πάνω σε ξύλινους χαμουλκούς.

Η Σφίγγα, που φυλάει τις πυραμίδες στην Γκίζα, έχει σώμα λιονταριού και το πρόσωπο του φαραώ Χεφρήνος. Σμιλεμένη στην πέτρα, έχει 73 μέτρα μήκος και 20 μέτρα ύψος.

Καρνάκ

Καλύτερα να ξεκινήσεις νωρίς και να πάρεις μαζί σου ένα ανθεκτικό ζευγάρι πέδιλα όταν επισκεφτείς τον περίφημο ναό του Άμμωνος στο Καρνάκ, βόρεια των Θηβών. Το Καρνάκ κατά τη διάρκεια των αιώνων από ταπεινός τόπος προσκυνήματος εξελίχτηκε σε ένα μνημειώδες συγκρότημα ναών. Η πιο πρόσφατη προσθήκη μόλις ολοκληρώθηκε. Είναι η εντυπωσιακή Υπόστηλη Αίθουσα με τους 134 γιγαντιαίους κίονες – όλοι σκαλιστοί και υπέροχα διακοσμημένοι για να μοιάζουν με τεράστια φυτά παπύρου.

Ίσως παρατηρήσεις ότι τα κολοσσιαία αγάλματα του Ραμσή Β′ που ανεγέρθηκαν πρόσφατα δε συγκρίνονται σε μεγαλοπρέπεια με αυτά των προηγούμενων δυναστειών. Επιδέξιοι τεχνίτες κάνουν το τελευταίο ρετουσάρισμα.

Με θέα προς το Νείλο, στο Αμπού Σιμπέλ, ένας πελώριος ναός έχει λαξευτεί βαθιά στους βράχους προς τιμήν του Ραμσή. Είναι με τέτοιον τρόπο, σχεδιασμένος, που δυο φορές το χρόνο οι ακτίνες του ήλιου φωτίζουν το άγαλμα του Ραμσή στο εσωτερικό του.

Αν επισκεφτείς το Καρνάκ την εποχή της ετήσιας θρησκευτικής γιορτής, ίσως δεις το άγαλμα του Άμμωνος, βασιλιά όλων των θεών. Είναι η μοναδική φορά που αφήνει το άδυτό του μέσα στο ιερό για να επισκεφτεί έναν άλλο ναό.

Για να φτάσεις στο ναό θα διασχίσεις ένα δρόμο πλαισιωμένο από αγάλματα σφιγγών με κεφάλι κριού. Οι μεγάλοι κεκλιμένοι τοίχοι του είναι καλυμμένοι με εκπληκτικές παραστάσεις των θεών.

Ο Άμμων παριστάνεται ως κριός, χήνα ή φίδι αλλά πιο συχνά ως βασιλιάς με τριπλό στέμμα.

Οι οβελίσκοι καλύπτονται στην κορυφή με χρυσό και είναι γεμάτοι προσευχές προς τους θεούς.

Ίσως δε σου επιτρέψουν να μπεις στον κυρίως ναό – είναι μόνο για τους ιερείς.

Το Καρνάκ είναι το σημαντικότερο θρησκευτικό κέντρο όλης της Αιγύπτου. Είναι γνωστό ως Ιπέτ-Ισούτ , «ο τελειότερος των τόπων». Το μεγάλο συγκρότημα περιλαμβάνει εργαστήρια, κατοικίες του προσωπικού, σχολείο, βιβλιοθήκη, μια ιερή λίμνη και αποθήκες.

Ταξιδιωτική οδηγία

Οι Αιγύπτιοι πολλές φορές προσεύχονται σε αγάλματα των φαραώ, επειδή πιστεύουν στη θεϊκή καταγωγή τους.

Ένα αιγυπτιακό αγρόκτημα

Η γεωργία είναι η βάση της αιγυπτιακής οικονομίας, με μια μεγάλη ποικιλία φρούτων και λαχανικών που καλλιεργούνται στις εύφορες όχθες του Νείλου. Ανάβαλε την επίσκεψή σου σ' ένα αγρόκτημα, αν είναι η εποχή της πλημμύρας (Ιούλιο με Νοέμβριο)– τα νερά του ποταμού καλύπτουν τους περισσότερους αγρούς.

Το μέλι χρησιμοποιείται πολύ ως γλυκαντική ουσία στην Αίγυπτο. Πολλά αγροκτήματα έχουν κυψέλες.

Μην παραλείψεις να επισκεφτείς τους φημισμένους αμπελώνες στα Βόρεια του βασιλείου.

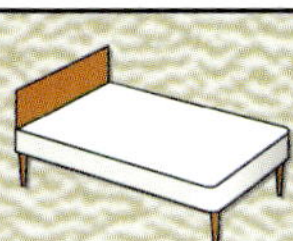

Η περιήγηση είναι κουραστική, γι' αυτό διανυκτέρευσε σε ένα αγρόκτημα.

Όταν η πλημμύρα φτάσει στο ανώτατο σημείο της, γίνονται ευχαριστήριες τελετές.

Οι γεωργικές μέθοδοι είναι απλές αλλά εξαιρετικά αποδοτικές. Οι καλλιέργειες περιλαμβάνουν σιτάρι, κριθάρι (ψωμί, μπίρα) και λινάρι (λινό).

Ταξιδιωτική οδηγία

Αν επισκεφτείς ένα αγρόκτημα κατά το όργωμα ή το θερισμό, ίσως σε πείσουν να δώσεις ένα χεράκι!

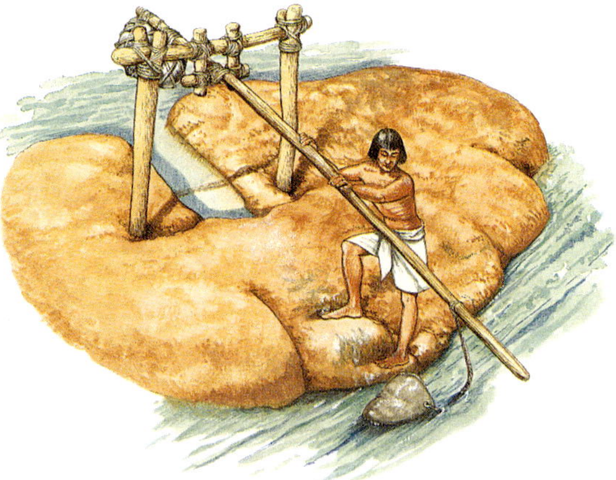

Το «σαντούφ» χρησιμοποιείται στην άρδευση, για την άντληση του νερού από το Νείλο, που διοχετεύεται ύστερα στα αρδευτικά κανάλια. Έχει έναν κουβά στο ένα άκρο και ένα αντίβαρο στο άλλο ώστε να σηκώνεται εύκολα.

Εκτός από την καλλιέργεια νόστιμων φρούτων και λαχανικών (πεπόνια, ρόδια, σύκα, κρεμμύδια, σκόρδα, φασόλια), οι κτηματίες εκτρέφουν συχνά κοπάδια από βόδια, πρόβατα και χοίρους. Τρέφουν επίσης πουλερικά (πάπιες, χήνες) για τα αβγά και το κρέας τους.

Ετοιμάσου για σκληρή δουλειά αν πας για ψάρεμα στο Νείλο. Οι ψαράδες χρησιμοποιούν μικρές βάρκες από δεμάτια παπύρου σφιχτοδεμένα με σπάγκο. Στα ψαράδικα δίχτυα, που είναι κι αυτά από πάπυρο, τοποθετούν πέτρες ή μολύβι για να βυθίζονται στο νερό.

Οδηγός επιβίωσης

Σχεδίασε τις διακοπές σου προσεκτικά και βεβαιώσου ότι έχεις όλα τα απαραίτητα έγγραφα. Μπορεί να σου απαγορεύσουν την είσοδο σ' αυτή τη γραφειοκρατική χώρα, αν τα χαρτιά σου δεν είναι εντάξει! Αν έχεις κάποιο πρόβλημα, ζήτησε να δεις τον τοπικό γραφέα. Θα μπορέσει να σου δώσει όποιο έγγραφο χρειάζεσαι αντί μιας μικρής αμοιβής.

Διοίκηση

Ο φαραώ δεν είναι μόνο ο βασιλιάς της Αιγύπτου, πιστεύουν επίσης ότι είναι ο Ώρος, ο γιος του θεού ήλιου Ρα. Διαθέτει απόλυτη πολιτική, θρησκευτική και στρατιωτική εξουσία. Καθώς όμως στα χρόνια του Νέου Βασιλείου η χώρα επεκτάθηκε με τις πολεμικές εκστρατείες, έχει μεταβιβάσει αρκετή από την καθημερινή διοίκηση σε διάφορες κυβερνητικές υπηρεσίες.

Μόνο γραφείς θα δεις να γράφουν με ιερογλυφικά στους τοίχους των τάφων και των ναών ή για τα σημαντικά θέματα του κράτους. Ωστόσο τα αιγυπτιακά είναι πολύ πιο εύκολα να τα μάθεις!

Νόμος και τάξη

Τα επίσημα έγγραφα φέρουν πάντα τη σφραγίδα του Ραμσή Β' για να αποδεικνύεται η αυθεντικότητά τους. Σ' αυτήν γύρω από το όνομά του υπάρχουν ιερά σύμβολα.

Οι δημόσιοι λειτουργοί διατηρούν την τάξη στις περισσότερες πόλεις. Αν αποφασίσεις όμως να περιπλανηθείς μόνος στην εξοχή ή στην έρημο, έχε το νου σου στους ληστές. Στην Αίγυπτο η δικαιοσύνη απονέμεται προσεκτικά – από τον «τσάτι» στα μεγάλα δικαστήρια της πρωτεύουσας και από ντόπιους στα δικαστήρια του χωριού. Η πιο κοινή τιμωρία είναι το... ξύλο!

Ο φαραώ ταξιδεύει σε όλη την Αίγυπτο για να επιθεωρεί τα έργα κάθε περιοχής και να παίρνει μέρος στις τελετές.

Θυμήσου: τα ιερογλυφικά μπορεί να είναι γραμμένα από αριστερά προς τα δεξιά, από δεξιά προς τα αριστερά ή από πάνω προς τα κάτω.

Αν δε δικαιωθείς στο δικαστήριο, μπορείς πάντα να προσφύγεις στον τοπικό θεό!

Υγεία

Οι Αιγύπτιοι γιατροί είναι ιδιαίτερα καταρτισμένοι και γνωρίζουν πολύ καλή ανατομία. Συνεργάζονται στενά με τους μάγους όταν εξασκούν την ιατρική. Τα κοινά τραύματα, όπως δαγκώματα από φίδι ή τσιμπήματα σκορπιού, θεραπεύονται καλύτερα με ένα συνδυασμό από ξόρκια και γιατρικά. Το σκόρδο είναι πολύτιμο φυτό, αφού έχει ιατρικές αλλά και μαγικές ιδιότητες!

Αν θέλεις επιπλέον προστασία από τα κακά πνεύματα που προκαλούν τις αρρώστιες, μπορείς να φοράς ένα φυλαχτό ή ένα γούρι. Τα μάτι του Ώρου θεωρείται ιδιαίτερα ισχυρό.

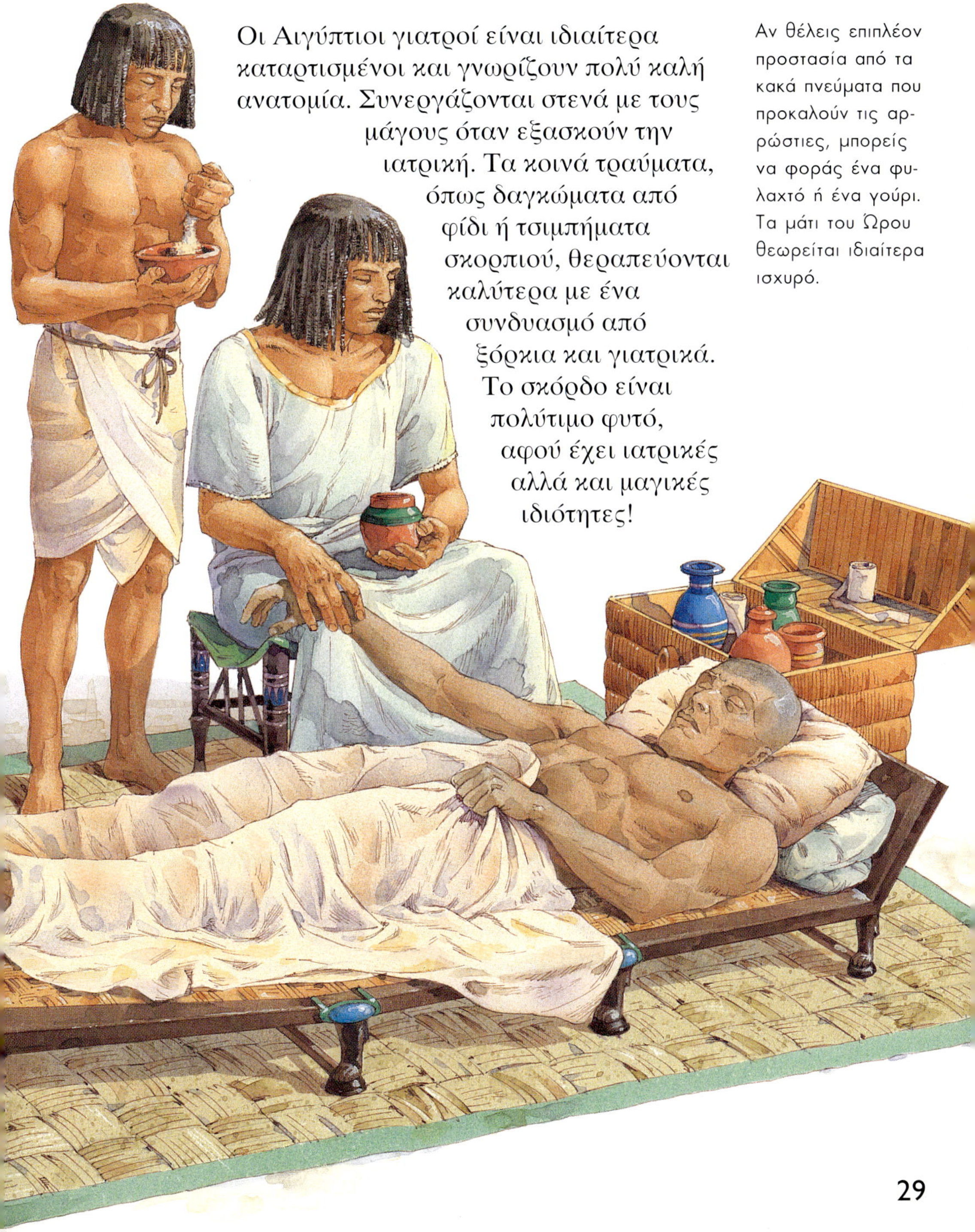

? Σουβενίρ κουίζ

Τώρα που τελειώνει η επίσκεψή σου στην Αίγυπτο, η βαλίτσα σου είναι γεμάτη εξωτικά δώρα για τους φίλους σου – συν μερικές δικές σου αναμνήσεις! Με το κουίζ θα δοκιμάσεις τις γνώσεις σου για την αρχαία Αίγυπτο.

1. Υπάρχουν πολλοί τρόποι να περιηγηθείς την αρχαία Αίγυπτο. Ποιος είναι ο πιο αγαπημένος τρόπος μεταφοράς του φαραώ;

α) Του αρέσει να πηγαίνει καβάλα σε ένα μικρό γκρίζο γαϊδουράκι.

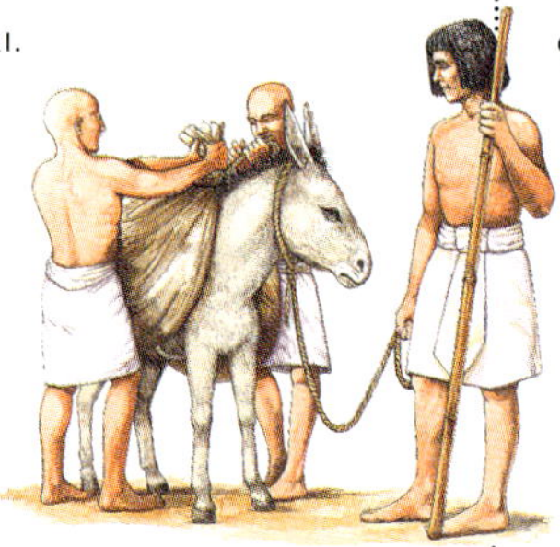

β) Ταξιδεύει στο Νείλο πάνω σε ένα μεγάλο πλοίο που μεταφέρει ζώα.

γ) Προτιμά να τον μεταφέρουν πάνω σε ένα φορείο ή σε μια καρέκλα.

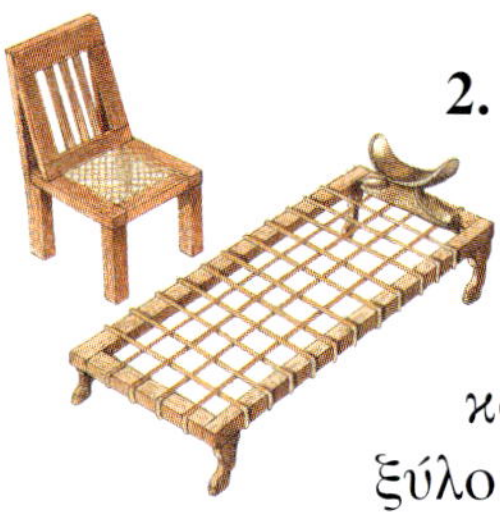

2. Τα συνηθισμένα αιγυπτιακά έπιπλα, όπως κρεβάτια και καρέκλες, από ποιο ξύλο κατασκευάζονται;

α) Από έβενο καλυμμένο με χρυσό και ημιπολύτιμες πέτρες.

β) Από ξύλο συκομουριάς που φυτρώνει εδώ.

γ) Από κέδρο που εισάγεται από το Λίβανο ή τη Συρία.

3. Αν και πολλοί Αιγύπτιοι περπατούν ξυπόλητοι, συχνά φορούν δροσερά και άνετα πέδιλα. Από τι είναι φτιαγμένα;

α) Φτιάχνονται από ξασμένο λινάρι που φυτρώνει εδώ.

β) Τα πέδιλα κατασκευάζονται από πλεχτό πάπυρο, ίνες φοίνικα ή δέρμα.

γ) Οι Αιγύπτιοι φορούν πλεγμένα φυσικά μαλλιά και πέδιλα από κερί.

4. Η μομιοποίηση είναι πολύ διαδεδομένη στο Νέο Βασίλειο της Αιγύπτου – τόσο στους ανθρώπους όσο και σε μερικές γάτες και κροκόδειλους! Πού περιποιούνται τα πτώματα;

α) Στα εργαστήρια ταρίχευσης στη δυτική όχθη του Νείλου.

β) Στις πυραμίδες στην Γκίζα.

γ) Στην όαση της Κροκοδειλούπολης.

5. Σε μερικές πυραμίδες υπάρχουν επιγραφές με ιερογλυφικά. Τι είναι;

α) Οδηγίες για τον ταφικό θάλαμο που βρίσκεται βαθιά μέσα στην πυραμίδα.

β) Επίσημες κυβερνητικές προειδοποιήσεις στους ιερόσυλους να μείνουν μακριά από την πυραμίδα.

γ) Μαγικά ξόρκια για να βοηθήσουν το σώμα του φαραώ να υψωθεί στους ουρανούς και να φτάσει ασφαλές στον άλλο κόσμο.

6. Σίγουρα επισκέφτηκες μερικά από τα εντυπωσιακά νέα κτίρια του Ραμσή Β′ κι ανάμεσά τους μια υπέροχη προσθήκη στο ναό του Άμμωνος στο Καρνάκ. Τι είναι αυτό;

α) Ο ναός του Άμμωνος στο Λούξορ.

β) Κολοσσιαίοι οβελίσκοι με επικάλυψη χρυσού στην κορυφή και γεμάτοι επιγραφές με ιερογλυφικά.

γ) Η Υπόστηλη Αίθουσα με τους 134 εκπληκτικούς γιγαντιαίους ζωγραφισμένους κίονες.

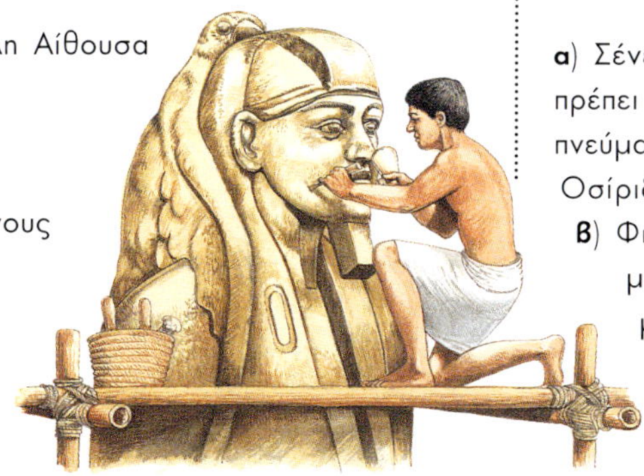

7. Αν και ο Ραμσής Β′ διαθέτει απόλυτη πολιτική, θρησκευτική και στρατιωτική εξουσία, αναγκάστηκε να παραχωρήσει μερικές εξουσίες. Ποιος είναι ο δεύτερος τη τάξει;

α) Ο Ώρος, ο γιος του Ρα, η ενσάρκωση του θεού Ήλιου.

β) Ο πρωθυπουργός ή «τσάτι».

γ) Ένας εκπαιδευμένος μάγος με πολλές γνώσεις πάνω στα ξόρκια και τις ιδιότητες των φυτών.

8. Σίγουρα θα δοκίμασες να παίξεις κάποιο από τα πολλά επιτραπέζια παιχνίδια με τα οποία διασκεδάζουν οι Αιγύπτιοι, νέοι και ηλικιωμένοι. Ποιο από αυτά τα δημοφιλή παιχνίδια είναι θαμμένο μαζί με τον Τουταγχαμών;

α) Σένετ – χρησιμοποιώντας πούλια και πιόνια, πρέπει να ξεπεράσεις εμπόδια και κακά πνεύματα για να φτάσεις στο βασίλειο του Οσίριδος.

β) Φιδάκι – χρησιμοποιώντας μικρές πέτρινες μπάλες, πρέπει να φτάσεις στο κέντρο μιας κυκλικής πλάκας, σε σχήμα φιδιού.

γ) Πύθωνες και πυραμίδες – μια παλιά εκδοχή του παιχνιδιού φιδάκια και σκάλες.

Ευρετήριο

Ευχαριστίες

Design assistance
Joanne Brown

Inklink Firenze illustrators
Simone Boni, Alessandro Rabatti, Lorenzo Pieri, Luigi Critone, Lucia Mattioli, Francisco Petracchi, Theo Caneschi.

Additional illustrations
Vanessa Card, Julian Baker, Peter Dennis, Francesca D'Ottavi, Luigi Galante, Nicki Palin, Mark Peppe, Richard Ward.

Picture credits
b = bottom, c = centre, l = left, r = right, t = top
p.4c The Ancient Egypt Picture Library; p.7cr AKG/Erich Lessing; p.8c Egyptian Museum, Cairo/AKG/Erich Lessing; p.14cl Kunsthistoriches Museum, Vienna/AKG/Erich Lessing; p.17cr E.T. Archive/British Museum; p.19t E.T. Archive/British Library; p.20bl E.T. Archive/Louvre Paris; p.22bc & b The Ancient Egypt Picture Library; p.28c Rockefeller Museum, Jerusalem (IDAM)/AKG/Erich Lessing; p.28bl E.T. Archive/Egyptian Museum Cairo.

Every effort has been made to trace the copyright holders of the photographs. The publishers apologise for any inconvenience caused.

Οι απαντήσεις του σουβενίρ κουίζ

1 = γ)   2 = β)   3 = β)   4 = α)   5 = γ)   6 = γ)   7 = β)   8 = α)